# Die magische Welt der Gefühlswichtel

## Ein zauberhaftes Abenteuer voller Freude, Liebe und Emotionen

**von Carina Mathes, Pionierin des Glücks- unterrichts und Expertin für emotionale Bildung**

**Bibliografische Information der Deutschen Nationalbibliothek:**

Die Deutsche Nationalbibliothek verzeichnet diese Publikation in der Deutschen Nationalbibliografie; detaillierte bibliografische Daten sind im Internet über dnb.d-nb.de abrufbar.

1. Auflage 2024
© 2024 Carina Mathes, Hückelhoven
Lektorat: Emma Sommerfeld, Wandlitz
Illustrationen: ©Kateryna Firsova/iStock/Wichtel, ©LAATA9/Shutterstock.com/ Schmuckelemente, ©Oxy D/Shutterstock.com/Baumkugeln
Coverillustration Wichtel mit Weihnachtsbaum: ©Kateryna Firsova/iStock
Coverlayout: Vogelsang Design und satzgrafik Susanne Dalley, Aachen
Layout Innenteil: satzgrafik Susanne Dalley, Aachen · www.satzgrafik-dalley.de
Verlag: BoD · Books on Demand GmbH, In de Tarpen 42, 22848 Norderstedt
Druck: Libri Plureos GmbH, Friedensallee 273, 22763 Hamburg
Printed in Germany

ISBN 978-3-7693-0203-5

# Inhalt

# Einleitung

Liebe Erwachsene,

herzlich willkommen in der zauberhaften Welt der Wichtel!
Dieses Buch ist für eure Kinder und die ganze Familie gedacht.
Es nimmt euch mit auf eine Reise durch die Geschichten und Abenteuer
der kleinen magischen Wesen, die mit viel Liebe und Kreativität den
Wald und die Herzen der Menschen bereichern. Erlebt, wie die Wichtel
den Kindern helfen, ihre Gefühle zu verstehen und die Adventszeit zu
einer unvergesslichen, magischen Zeit machen.

Viel Freude beim Entdecken und Erleben
wünschen euch,

die Gefühlswichtel

# Ein kurzer Überblick
# über die Welt der Wichtel

### Der Wichtelbrauch

Der Wichtelbrauch stammt ursprünglich aus Skandinavien und ist eine liebenswerte Tradition, die vor allem in der Vorweihnachtszeit praktiziert wird. Kleine Wichtel, die heimlich bei den Familien „einziehen", hinterlassen nachts kleine Überraschungen, Briefe oder Aufgaben für die Kinder. Diese Tradition soll die Vorfreude auf Weihnachten steigern und den Kindern die Magie und Freude der Adventszeit näherbringen.

Die Wichtel leben in kleinen Häusern oder Wohnungen, die von den Kindern oder den Eltern liebevoll gestaltet werden. Sie sind nachts aktiv und legen dabei großen Wert darauf, nicht gesehen zu werden. Jeden Morgen entdecken die Kinder die Spuren der Wichtel, sei es in Form von kleinen Geschenken, lustigen Botschaften oder kreativen Aufgaben. Der Brauch fördert nicht nur die Kreativität und das spielerische Miteinander, sondern auch Werte wie Achtsamkeit, Fürsorge und Gemeinschaftssinn.

Mit den entsprechenden Suchwörtern im Internet kannst du zahlreiche Ideen und Tipps finden, wie man die Wichteltüren und Häuser gestalten kann, welche Streiche der Wichtel spielen und welche Geschenke er hinterlassen kann. Hier sind deiner Fantasie keine Grenzen gesetzt und du kannst deine kreativen Ideen wunderbar mit unseren Gefühlswichtelbriefen kombinieren. So entsteht eine zauberhafte und fantasievolle Atmosphäre, die die gesamte Familie in die Magie der Weihnachtszeit eintauchen lässt.

### Ein- und Auszug des Wichtels

Unser Wichtel zieht in der Nacht zum 1. Dezember in das Haus ein und beginnt sofort damit, kleine Überraschungen und Aufgaben für die Kinder zu hinterlassen. Die Kinder werden jeden Morgen gespannt nachsehen, was der Wichtel in der Nacht für sie vorbereitet hat. Der Wichtel bleibt den gesamten Advent über und bringt jeden Tag ein bisschen Magie und

Freude in den Alltag. Während dieser Zeit können die Kinder mit dem Wichtel interagieren, ihm Briefe schreiben und ihm bei seinen Aufgaben helfen. In der Nacht zum ersten Weihnachtstag zieht der Wichtel wieder aus und kehrt in die Wichtelwelt zurück, um sich auf die nächste Weihnachtszeit vorzubereiten.

## Die besondere Magie der Gefühlswichtel

Was die Gefühlswichtel besonders macht, ist ihre einzigartige Aufgabe, Kindern auf spielerische und liebevolle Weise verschiedene Gefühle näherzubringen. Während herkömmliche Weihnachtswichtel oft nur kleine Überraschungen und Streiche hinterlassen, fokussieren sich die Gefühlswichtel darauf, den Kindern die Bedeutung und den Umgang mit ihren Emotionen zu vermitteln.

Jeder Gefühlswichtel hat eine spezielle Aufgabe, die ein bestimmtes Gefühl behandelt, sei es Freude, Hoffnung, Stolz oder auch Trauer. Durch Briefe und kleine Aufgaben helfen die Gefühlswichtel den Kindern, diese Emotionen zu erkennen, zu verstehen und auszudrücken. Diese wertvolle Interaktion fördert emotionale Intelligenz und stärkt das Selbstbewusstsein der Kinder.

Diese spezielle Kombination aus spielerischem Lernen und emotionaler Unterstützung macht die Gefühlswichtel zu etwas ganz Besonderem in der Adventszeit.

# Kleine Gefühlswichtelkunde für Erwachsene

Barbara Fredrickson, eine bekannte Psychologin, identifizierte zehn positive Emotionen, die Wohlbefinden und Glück fördern: Freude, Dankbarkeit, Heiterkeit, Interesse, Hoffnung, Stolz, Vergnügen, Inspiration, Ehrfurcht und Liebe.

**Freude:** Momente des Glücks und der Heiterkeit. Sie machen uns glücklich, weil sie unser Herz wärmen und uns ein Gefühl von Wohlbefinden geben.

**Dankbarkeit:** Ein Gefühl der Wertschätzung und Anerkennung. Dankbarkeit macht uns glücklich, weil sie uns daran erinnert, wie viel Gutes in unserem Leben ist.

**Heiterkeit:** Lachen und Freude, oft durch Humor hervorgerufen. Heiterkeit bringt Leichtigkeit in unser Leben und hilft uns, Stress abzubauen.

**Interesse:** Neugier und der Drang, Neues zu entdecken. Interesse macht glücklich, weil es unser Denken anregt und uns inspiriert.

**Hoffnung:** Positive Erwartungen und Optimismus für die Zukunft. Hoffnung gibt uns die Zuversicht und Motivation, an eine bessere Zukunft zu glauben.

**Stolz:** Zufriedenheit mit eigenen Leistungen. Stolz stärkt unser Selbstbewusstsein und motiviert uns, weiterhin unser Bestes zu geben.

**Vergnügen:** Genießen von angenehmen Erlebnissen. Vergnügen bringt uns unmittelbare Freude und Zufriedenheit.

**Inspiration:** Ermutigung durch etwas Erhabenes oder Schönes. Inspiration gibt uns den Anstoß, kreativ zu sein und neue Möglichkeiten zu sehen.

**Ehrfurcht:** Staunen und Bewunderung für etwas Großes oder Schönes. Ehrfurcht erweitert unseren Horizont und lässt uns die Welt mit anderen Augen sehen.

**Liebe:** Tiefe Zuneigung und Verbundenheit zu anderen. Liebe erfüllt uns mit Wärme und Geborgenheit, was unser allgemeines Wohlbefinden steigert.

Diese Emotionen machen uns glücklich und fördern unser allgemeines Wohlbefinden.

Zusätzlich zu diesen zehn Emotionen haben wir bei den Gefühlswichteln auch die Emotionen **Wut**, **Angst**, **Trauer** und **Mut** mit eingebracht. Diese Emotionen sind ebenfalls wichtig, denn sie helfen uns, verschiedene Aspekte des Lebens zu verstehen und zu bewältigen. **Wut** kann uns zeigen, wenn etwas ungerecht ist, und uns zur Handlung motivieren. **Angst** kann uns vor Gefahren schützen. **Trauer** hilft uns, Verluste zu verarbeiten und schließlich wieder Hoffnung zu finden. **Mut** gibt uns die Kraft, unsere Ängste zu überwinden und neue Herausforderungen anzunehmen.

In den Briefen des Gefühlswichtels werden all diese Emotionen auf spielerische und einfühlsame Weise behandelt. Die Wichtelbriefe helfen den Kindern, diese Gefühle zu erkennen, zu benennen und zu verstehen, indem sie Geschichten erzählen, Erlebnisse teilen und kleine Aufgaben stellen. Dies fördert die emotionale Intelligenz der Kinder und stärkt ihr Selbstbewusstsein. So gibt es beispielsweise in den Briefen die Anregung „Gefühls"-Christbaumkugeln zu basteln. Passende Kopiervorlagen dafür befinden sich im Anhang (S. 67 ff.). Durch die kreativen und interaktiven Aufgaben lernen die Kinder, ihre Gefühle auszudrücken und positive Emotionen zu erleben, was ihr allgemeines Wohlbefinden und Glück steigert.

Das Besondere an den Gefühlswichteln ist, dass sie nicht nur für Überraschungen und Spaß sorgen, sondern auch einen wertvollen Beitrag zur emotionalen Entwicklung der Kinder leisten. So können Eltern sicher sein, dass ihre Kinder während der Wichtelzeit nicht nur unterhalten, sondern auch auf eine sehr liebevolle Weise gefördert werden.

# Infos zu den Wichtelbriefen

## Du-Anrede

Für die Anrede in den Wichtelbriefen wurde ganz bewusst das **DU** gewählt. Auch wenn mehrere Kinder in der Familie leben, ist das Du immer passend. Auf diese Weise fühlt sich jedes Kind ganz persönlich angesprochen. Dieser Trend wird in den letzten Jahren auch vermehrt in Schulklassen beobachtet. Auch dort spricht die Lehrkraft die Kinder häufig in der Du-Form an, weil sich die Kinder dadurch persönlich stärker angesprochen fühlen. So lautet zum Beispiel ein Aufruf an die ganze Klasse folgendermaßen: „Du räumst nun dein Mathebuch ein und holst dafür deinen Deutschhefter und dein Lesebuch heraus." Die Begrüßung ist daher jeweils bewusst neutral gehalten mit „Hallo" oder „Guten Morgen", sodass du die Möglichkeit hast, die Namen deiner Kinder zu ergänzen.

## Länge der Briefe

Vielleicht hast du schon Erfahrung mit Wichtelbriefen und wunderst dich darüber, dass diese Wichtelbriefe relativ lang sind. Das liegt daran, dass unser Gefühlswichtel Jippi sehr gesprächig ist und viel zu erzählen hat. Er hat viele Freunde im Wald, die er gerne den Kindern vorstellen möchte. Das sind nicht nur die Gefühlswichtel, sondern beispielsweise auch die Bauwichtel oder die Wetterwichtel. Und natürlich ist es beim Thema **„Gefühle"** auch nicht immer einfach sich kurz zu fassen. Empfehlenswert ist es daher, dass du dir die Briefe zunächst selbst einmal durchliest um entsprechend viel Zeit mit deinem Kind oder deinen Kindern einplanen zu können.

## Der Briefkasten

Normalerweise haben die Wichtel sehr kleine Briefkästen. Da unser Gefühlswichtel Jippi aber viel zu erzählen hat, und dadurch die Schrift bei einem kleinen Brief winzig klein und für die Menschen unleserlich werden würde, zaubert er die Briefe für die Kinder extra etwas größer.

Jetzt hat er aber das Problem, dass sie nicht mehr in seinen kleinen Wichtelbriefkasten passen. Doch auch dafür hat er eine Lösung. Er zaubert den Kindern einen etwas größeren Briefkasten an die Zimmertüre, oder bei mehreren Kindern, an einen gemeinsamen Ort. Vielleicht auch direkt in die Nähe seiner Wichteltüre. Hierzu kannst du zum Beispiel eine leere DVD-Box verwenden und diese von außen schön weihnachtlich dekorieren. In diese weihnachtliche Box bringt unser Gefühlswichtel Jippi dann über Nacht die Post. Achte darauf, dass dieser Briefkasten an einer Stelle befestigt wird, zu der du abends leicht und unbeobachtet Zugang hast.

Natürlich kannst du die Briefe auch ganz regulär in die kleinen Wichtelbriefkästen legen, wenn euer Wichtelbriefkasten groß genug ist. Eine Kopiervorlage für passende Briefumschläge findest du im Anhang (S. 77).

# Die Wichtelbriefe

Einen wunderschönen guten Morgen ..................................... ,

mein Name ist Jippi, und ich komme aus einer kleinen, zauberhaften Wichtelwelt tief im Herzen des Waldes. Dort leben wir in gemütlichen kleinen Häusern, die aus Baumrinde und Moos gebaut sind. Meine Familie und ich wohnen in einem hübschen Häuschen am Ufer eines klaren Baches, der durch den Wald plätschert.

Ich freue mich schon sehr darauf, bei dir einzuziehen und gemeinsam mit dir die Wichtelzeit zu erleben! Die Wichtelzeit ist eine ganz besondere Zeit im Jahr, in der ich, dein Wichtel, bei dir bin, um Freude, Spaß und ein bisschen Magie in deinen Alltag zu bringen. In den nächsten Wochen werden wir viele spannende Dinge zusammen unternehmen und du wirst viel über die wunderbaren Gefühle lernen, die das Leben so schön machen. Ich werde dir kleine Aufgaben und Überraschungen hinterlassen, um dir zu zeigen, wie viel Freude, Dankbarkeit, Heiterkeit und all die anderen schönen Gefühle bedeuten. Unsere gemeinsame Zeit soll dir helfen, diese Gefühle besser zu verstehen und zu erleben. Also sei gespannt und freue dich auf eine unvergessliche Wichtelzeit mit mir!

Bei uns Wichteln geht es immer sehr fröhlich und bunt zu. Wir lieben es, gemeinsam zu feiern, zu singen und zu tanzen. In der Winterzeit bereiten wir uns auf Weihnachten vor, indem wir unser Dorf mit funkelnden Lichtern und selbstgebastelten Dekorationen schmücken. Jeder Wichtel hat eine besondere Aufgabe: Manche backen leckere Kekse, andere basteln Geschenke oder helfen, den großen Weihnachtsbaum aufzustellen. Aber darüber werden ich dir bestimmt noch in meinen Briefen erzählen.

Wenn du Fragen an mich hast oder etwas wissen möchtest, dann schreib mir einfach einen kleinen Brief – ich werde mein Bestes tun, um dir zu antworten.

Lass uns die Vorfreude auf Weihnachten gemeinsam genießen und eine wunderbare Zeit haben!

Herzliche Wichtelgrüße,
dein Jippi

Hallöchen ....................................... ,

habe ich dir eigentlich schon erzählt, dass ich ein **Gefühlswichtel** bin? In der ganzen Vorfreude und Aufregung habe ich das wohl total vergessen. Deshalb möchte ich dir heute unbedingt erzählen, was wir Gefühlswichtel hier im Wald so tun.

Von uns Gefühlswichteln gibt es eine ganze Menge. Die Gefühlswichtel sind ganz besondere kleine Wesen, die tief im Wald leben. Ihre wichtigste Aufgabe ist es, den Wichteln zu helfen, ihre Gefühle zu verstehen und damit umzugehen.

Jeder Gefühlswichtel hat eine besondere Fähigkeit, die mit einem bestimmten Gefühl verbunden ist. Ich bin zum Beispiel der Freudenwichtel, der immer ein Lächeln auf den Lippen hat und überall Freude verbreitet. Ich helfe den Wichteln, die schönen Momente im Leben zu genießen und sich an kleinen Dingen zu erfreuen. So sorgen wir Gefühlswichtel dafür, dass alle im Wald glücklich sind und sich wohlfühlen.

Wir achten darauf, dass die Harmonie bestehen bleibt und jeder Wichtel und seine Familie zufrieden sind. Das ist manchmal gar nicht so einfach! Wenn jemand traurig ist, trösten wir ihn. Wenn es Streit gibt, helfen wir, ihn zu schlichten. Wir hören zu, wenn jemand Sorgen hat, und erledigen noch viele andere Aufgaben.

Die Gefühlswichtel arbeiten oft zusammen, um sicherzustellen, dass die Menschen ein Gleichgewicht in ihren Gefühlen finden. Sie sind immer da, um zu helfen und zu unterstützen, egal welche Gefühle gerade im Vordergrund stehen. Ihr könnt euch vorstellen, dass wir immer alle Hände voll zu tun haben! Aber wir machen das gern, denn es ist schön zu sehen, wie alle glücklich sind.

Ich freue mich sehr, bei dir zu sein und dir all diese wunderbaren Gefühle näherzubringen. Gemeinsam werden wir eine magische und gefühlvolle Wichtelzeit erleben!

Herzliche Wichtelgrüße,
dein Freudenwichtel Jippi

**PS:** Ich habe eine tolle Idee für dich!
Wie wäre es, wenn du dich und deine Familie den
Gefühlswichteln vorstellst? Du kannst ein schönes
Bild malen, auf dem du deine Familie zeigst, und
vielleicht malst du auch ein paar Gefühlswichtel
dazu, die euch helfen, glücklich zu sein.

Ich bin schon ganz gespannt auf dein Kunstwerk!

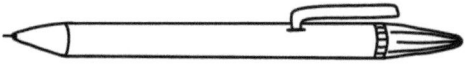

Hallihallo ........................................ ,

wie geht es dir heute? Ich hoffe, dir geht es gut und du freust dich über meinen heutigen Brief.

Heute möchte dir etwas über die **Freude** erzählen. Denn wie du ja bereits weißt, bin ich als **Freudenwichtel** im Wald für die Freude zuständig. Und da ist es doch gut, dass ich dir ein bisschen was über meine Aufgabe und natürlich das Gefühl Freude erzähle.

Freude fühlt sich an wie ein warmes Kribbeln im Bauch und ein breites Lächeln auf deinem Gesicht. In der Wichtelwelt empfinden wir Freude, wenn wir neue Freundschaften schließen und gemeinsam tanzen.

Einmal haben wir eine Überraschungsparty für den Geburtstagswichtel organisiert und alle waren so glücklich, dass wir die ganze Nacht getanzt haben.

Als Freudenwichtel bin ich immer fröhlich und liebe es, Lachen und Freude zu verbreiten. Ich habe auch eine kleine Tasche voller Glitzer, den ich überall verstreue, um die Menschen glücklich zu machen. Mit meinem Glitzerstaub bringe ich überall ein Lächeln hin. Wenn jemand traurig ist, komme ich vorbei und erzähle lustige Geschichten oder mache kleine Kunststücke, um denjenigen aufzuheitern und ihm wieder ein Lächeln aufs Gesicht zu zaubern.

Wann hast du das letzte Mal so eine Freude empfunden?

Deine Aufgabe für heute ist es, etwas zu tun, das dir Freude bereitet, und dieses Gefühl mit jemandem zu teilen. Vielleicht könnt ihr zusammen ein Lieblingsspiel spielen oder ein lustiges Lied singen.

Dein Freudenwichtel Jippi

**PS:** Ich habe eine schöne Aufgabe für dich. Gestalte eine Christbaumkugel und schreibe auf die Vorderseite das Wort **„Freude"**. Überlege dir einen Moment, in dem du dich sehr über etwas gefreut hast, und schreibe diese Situation auf die Rückseite der Kugel. Bemale die Kugel mit vielen Farben, schneide sie aus, befestige eine kleine Kordel daran und schmücke mit deiner Gefühls-kugel euren Weihnachtsbaum. So erinnerst du dich immer wieder an die schöne Situation, in der du dich gefreut hast.

*Freude*

Guten Morgen ..................................... ,

na, bist du bereit, meine Freunde im Wald kennenzulernen? Heute möchte ich dir erzählen, wer noch so alles bei uns im Wald wohnt. Sag bloß, du hast gedacht, bei uns im Wald gäbe es nur die Gefühlswichtel? Dann spitze jetzt einmal gut deine Ohren, denn ich verrate dir was: Im Wald gibt es viele verschiedene Arten von Wichteln, die alle ihre eigenen besonderen Aufgaben haben!

Da gibt es zum Beispiel die **Naturwichtel**. Diese Wichtel kümmern sich um die Pflanzen und Tiere im Wald. Sie sorgen dafür, dass die Bäume gesund bleiben, die Blumen blühen und die Tiere genug zu fressen haben.

Oder die **Wetterwichtel**. Diese Wichtel sind für das Wetter verantwortlich. Sie sorgen dafür, dass es regnet, wenn die Pflanzen Wasser brauchen, und dass die Sonne scheint, wenn es warm sein soll. Und wenn sie besonders gute Laune haben, dann machen sie sogar einen wunderschönen bunten Regenbogen.

Ja, und die **Bauwichtel**. Diese Wichtel bauen und reparieren die Häuser der Wichtel und andere wichtige Strukturen im Wald. Sie sind sehr geschickt und können aus fast allem etwas Nützliches machen. Da würdest du bestimmt staunen, was denen alles einfällt.

Ja, und dann gibt es da noch ein besonders quirliges und lustiges Trüppchen. Das sind die **Festtagswichtel**. Diese Wichtel organisieren Feste und Feiern im Wald. Sie sorgen dafür, dass alle Spaß haben und dass es immer etwas zu feiern gibt. Und sie haben noch ein lustiges Geheimnis, aber PSSST, das verrate ich dir in einem anderen Brief. Versprochen!

Und wie du ja schon weißt, gibt es noch uns, die Gefühlswichtel. Wir kümmern uns um die Gefühle aller im Wald und sorgen dafür, dass alle glücklich und zufrieden sind. So hat jeder Wichtel eine wichtige Aufgabe, und zusammen sorgen wir dafür, dass der Wald ein wunderbarer Ort zum Leben ist.

Dein Freudenwichtel Jippi

**PS:** Meine kleine Wichtelwohnung ist noch ganz leer, und ich würde mich sehr freuen, wenn du mir dabei hilfst, sie gemütlich und schön zu gestalten. Vielleicht kannst du mir kleine Möbel basteln, ein paar Dekorationen malen oder etwas Schönes für mein Zuhause finden. Gemeinsam schaffen wir eine gemütliche Wichtelwohnung, in der ich mich richtig wohlfühlen kann.

Ich freue mich schon sehr auf deine kreativen Ideen und deine Unterstützung!

Morgendliche Grüße aus der Wichtelwelt an dich,

bist du auch schon aufgeregt?
Morgen ist Nikolaus, und viele Kinder freuen sich schon seit Wochen auf diesen Tag.

Auch hier bei uns im Wald sind schon alle ganz aufgeregt, und deshalb möchte ich dir gerne erzählen, wie wir Wichtel im Wald den Nikolaustag feiern!

In der Nacht vor dem Nikolaustag sind die Wichtel besonders aufgeregt. Sie schmücken ihre kleinen Häuser mit winzigen Lichtern und bunten Girlanden. Überall im Wald leuchten kleine Laternen, die den Weg zu den Wichtelhäusern erhellen.

Am Morgen des Nikolaustages wachen die Wichtel früh auf und ziehen ihre schönsten Kleider an. Jeder Wichtel hat eine kleine rote Mütze und einen winzigen Nikolausstiefel, den er vor sein Haus stellt. Die Stiefel sind oft mit Glitzer und kleinen Sternen verziert.

Die Wichtel bereiten viele Leckereien vor, wie winzige Kekse, die sie mit Zuckerguss und bunten Streuseln dekorieren. Sie backen auch kleine Kuchen und bereiten heiße Schokolade zu, die sie in winzigen Tassen servieren. Der Duft von frisch gebackenen Keksen und heißer Schokolade erfüllt den ganzen Wald.

Am Nachmittag versammeln sich alle Wichtel auf einer großen Lichtung im Wald. Dort steht ein großer, geschmückter Baum, unter dem sie ihre Nikolausstiefel aufstellen. Jeder Wichtel bringt ein kleines Geschenk mit, das er in den Stiefel eines anderen Wichtels legt. Die Geschenke sind oft selbstgemacht und mit viel Liebe verpackt.

Dann kommt der Höhepunkt des Tages: Der **Nikolauswichtel** erscheint! Er trägt einen langen roten Mantel und einen großen Sack voller Geschenke. Mit einem freundlichen Lächeln verteilt er die Geschenke an die Wichtel und erzählt ihnen Geschichten von seinen Abenteuern.

Nach der Bescherung singen die Wichtel fröhliche Lieder und tanzen um den Baum. Sie spielen Spiele und erzählen sich Geschichten.

Der ganze Wald ist erfüllt von Lachen und Freude.

Am Abend, wenn die Sterne am Himmel leuchten, setzen sich die Wichtel um ein großes Lagerfeuer. Sie trinken heiße Schokolade und genießen die Wärme des Feuers. Der Nikolauswichtel erzählt noch eine letzte Geschichte, bevor sich alle Wichtel in ihre gemütlichen Häuser zurückziehen.

So feiern die Wichtel im Wald den Nikolaustag – mit viel Freude, Liebe und Gemeinschaft.

Ich wünsche dir für morgen einen ganz zauberhaften Nikolaustag.

HO HO HO und vorfreudige Grüße,
dein Freudenwichtel Jippi

**PS:** Denke daran, deine Stiefel schön sauber zu putzen und sie gut sichtbar für den Nikolaus bereitzustellen. Dann bin ich mir sicher, dass er dir etwas Gutes hineinlegen wird. Und vielleicht legst du dem Nikolaus auch einen Keks oder eine Mandarine dazu, dann kann er sich etwas stärken, bevor er noch die anderen Kinder besucht. Die Nikolausnacht ist für den Nikolaus nämlich immer die anstrengendste Nacht im ganzen Jahr, aber es ist auch die schönste.

Brief 5 • Fortsetzung

Einen wunderschönen guten Morgen ......................................... ,

ach, was sage ich da. Einen zauberhaften Nikolausmorgen wünsche ich dir! Heute bist du bestimmt ganz früh aufgewacht und zu deinem Stiefel hingelaufen. Habe ich recht? Und bestimmt hat der Nikolaus dir ein paar hübsche kleine Überraschungen gebracht. Hast du denn auch daran gedacht, dich beim Nikolaus dafür zu bedanken? Wenn du es noch nicht gemacht hast, ist das gar kein Problem. Das kannst du auch jetzt noch tun. Du musst wissen, der Nikolaus hat ganz super gute Ohren. Und vor allem das Wort **Dankeschön** hört er besonders gern, es ist eines seiner Lieblingswörter, musst du wissen. Das liegt wahrscheinlich daran, dass immer, wenn jemand Danke sagt, in seinen Ohren eine wunderschöne Melodie erklingt. Du kannst es noch so leise flüstern, er hört es bis in die letzte Ecke. Er hat mir sogar mal verraten, dass er sich über ein Danke so doll freut, dass er ein ganz warmes Gefühl in seinem Bauch bekommt. So ähnlich, als hätte er einen warmen Kakao getrunken.

Ich habe daraufhin dann mal unseren **Dankbarkeitswichtel** gefragt. Er ist ja einer meiner Gefühlswichtelkollegen. Und er hat das auch so bestätigt. Er meint, Dankbarkeit fühle sich warm und beruhigend an wie eine liebevolle Umarmung. In der Wichtelwelt sind wir dankbar, wenn wir uns gegenseitig helfen und unterstützen. Einmal hat der kleine Wichtel Timo seinen Lieblingshut verloren, und alle haben geholfen, ihn zu suchen. Als wir ihn gefunden haben, hat Timo vor Freude gestrahlt und uns alle dankbar umarmt. Zum Glück hilft uns der Dankbarkeitswichtel, die kleinen und großen Dinge im Leben zu schätzen. Er zeigt uns, wie wichtig es ist, dankbar zu sein, und hilft uns, Dankbarkeit auszudrücken.

Wann hast du dich das letzte Mal dankbar gefühlt?

Deine Aufgabe für heute ist es, jemandem „Danke" zu sagen und zu sehen, wie sich das anfühlt. Du könntest zum Beispiel deinen Eltern für ihre Hilfe danken oder einem Freund für seine Unterstützung. Und natürlich auch dem Nikolaus ein herzliches Dankeschön zurufen. Ich bin sicher, er freut sich riesig darüber.

Dein Freudenwichtel Jippi

**PS:** Ich habe eine kleine Aufgabe für dich. Gestalte eine Christbaumkugel und schreibe auf die Vorderseite das Wort **„Dankbarkeit"**. Überlege dir einen Moment, in dem du sehr dankbar warst, und schreibe diese Situation auf die Rückseite der Kugel. Bemale die Kugel schön bunt, schneide sie aus, befestige eine kleine Kordel daran und schmücke mit deiner Gefühlskugel euren Weihnachtsbaum. So erinnerst du dich immer wieder daran, wann du besonders dankbar warst.

Hallihallo Hallöchen .........................................!

Ich bin wieder da und freue mich darauf, den Tag mit dir zu verbringen. Bist du bereit für neue Überraschungen? Ich bin es auf jeden Fall, denn das Leben bei uns im Wald ist voller Abenteuer und Freude! Jeder Tag bringt neue Aufgaben und Erlebnisse mit sich. Heute möchte ich dir einige spannende Dinge erzählen, die wir Wichtel im Wald erleben: Morgens, wenn die ersten Sonnenstrahlen durch die Bäume scheinen, wachen die Wichtel früh auf. Sie beginnen ihren Tag mit einem gemeinsamen Frühstück, bei dem sie frische Beeren, Nüsse und Honig genießen. Danach machen sich die verschiedenen Wichtel an ihre Aufgaben.

Tagsüber sind die Wichtel fleißig, und jeder hat seine besondere Aufgabe. Die Naturwichtel kümmern sich um den Wald, gießen die Pflanzen, pflanzen Blumen und versorgen die Tiere. Wetterwichtel sorgen dafür, dass das Wetter perfekt ist, indem sie Regen bringen, wenn die Pflanzen Wasser brauchen, und Sonnenschein, wenn es warm sein soll. Die Bauwichtel bauen und reparieren Häuser, Brücken und Spielplätze mit Materialien aus dem Wald. Festtagswichtel planen die nächsten Feste, dekorieren, backen leckere Kuchen und üben Lieder und Tänze ein. Und die Gefühlswichtel? Sie sorgen dafür, dass sich alle wohlfühlen, indem sie trösten, Streit schlichten und zuhören, wenn jemand Sorgen hat. Übrigens, die Festtagswichtel haben ein kleines Geheimnis, das sie dir noch verraten wollen. Bist du schon gespannt?

Am Abend versammeln sich alle Wichtel um ein großes Lagerfeuer. Sie erzählen sich Geschichten, singen Lieder und tanzen. Es ist eine Zeit, in der sie sich entspannen und die Gemeinschaft genießen. Nachts, wenn die Sterne am Himmel leuchten, gehen die Wichtel in ihre gemütlichen Häuser und schlafen ein. Sie träumen von neuen Abenteuern und freuen sich auf den nächsten Tag.

Das Leben der Wichtel ist voller Magie und Freude. Jeder Wichtel hat eine wichtige Aufgabe, und zusammen sorgen sie dafür, dass der Wald ein wunderbarer Ort zum Leben ist.

Ganz zauberhafte Glitzergrüße
und einen wundervollen Tag wünsche ich dir,
dein Freudenwichtel Jippi

**PS:** Ich habe eine wunderbare Idee! Wie wäre es, wenn du mir eigene Geschichten oder Abenteuer erzählst? Ich liebe es, spannende Geschichten zu hören, und freue mich darauf, zu erfahren, was du alles erlebst und dir ausdenkst. Du kannst deine Geschichten aufschreiben und sie mir vorlesen, oder aber du setzt dich vor meine Wichteltüre und erzählst sie mir. Gemeinsam können wir so viele fantastische Abenteuer erleben und viel Freude daran haben.

Ich bin schon ganz gespannt auf deine Geschichten und kann es kaum erwarten, sie zu hören!

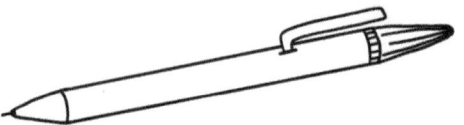

Guten Morgen ......................................... ,

die Wichtelwelt hat wieder etwas Spannendes für dich vorbereitet. Ich freue mich sehr, dir heute etwas über unsere wunderbaren **Naturwichtel** erzählen zu können. Die Naturwichtel spielen eine sehr wichtige Rolle in unserem Wichtelwald, denn sie sorgen dafür, dass die Natur in ihrer vollen Pracht erblüht und alle Pflanzen und Tiere gut versorgt sind. Sie haben viele wichtige Aufgaben, die dafür sorgen, dass der Wald gesund und schön bleibt. Dafür haben die Naturwichtel besondere Fähigkeiten, die ihnen bei ihrer Arbeit helfen. Sie können mit den Pflanzen und Tieren sprechen und verstehen, was sie brauchen. Sie haben auch ein tiefes Wissen über die Natur und wissen genau, wie sie den Wald am besten pflegen können.

Ein typischer Tag für einen Naturwichtel beginnt früh am Morgen. Er wacht auf, wenn die ersten Sonnenstrahlen durch die Bäume scheinen, und macht sich sofort an die Arbeit. Die Naturwichtel sind wahre Meister der Pflanzenpflege. Sie gießen die Pflanzen, pflanzen neue Blumen und Bäume und sorgen dafür, dass alles gut wächst. Sie kennen jede Pflanze im Wald und wissen genau, was sie braucht. Aber nicht nur um die Pflanzen kümmern sie sich liebevoll. Auch die Tiere im Wald liegen ihnen am Herzen. Wenn ein Tier krank oder verletzt ist, helfen die Naturwichtel ihm, wieder gesund zu werden, und sorgen dafür, dass die Tiere genug zu fressen haben.

Um den Wald zu schützen, achten die Naturwichtel darauf, dass er sauber bleibt. Sie sammeln Müll auf und sorgen dafür, dass niemand die Natur verschmutzt. Zudem beobachten sie das Wetter und arbeiten eng mit den Wetterwichteln zusammen, um das richtige Wetter für den Wald zu schaffen. Ist es zu trocken, bitten sie um Regen, und wenn es zu kalt ist, sorgen sie für etwas Wärme. Die Naturwichtel sind immer fleißig und sorgen dafür, dass der Wald in voller Pracht erblüht.

Mittags machen die Naturwichtel eine Pause und essen zusammen. Sie genießen frische Beeren, Nüsse und andere Leckereien, die sie im Wald finden. Nach der Pause geht es weiter mit der Arbeit. Sie pflanzen neue Blumen, reparieren beschädigte Bäume und sorgen dafür, dass der Wald sauber bleibt.

Am Abend, wenn die Sonne untergeht, versammeln sich die Naturwichtel um ein Lagerfeuer. Sie erzählen sich Geschichten von ihren Abenteuern und singen Lieder. Es ist eine Zeit, in der sie sich entspannen und die Gemeinschaft genießen.

Ich schicke dir ganz frische Grüße aus unserem herrlichen Wald, dein Freudenwichtel Jippi

**PS:** Ich habe eine wunderbare Idee für eine Aufgabe, die du für die Naturwichtel erledigen kannst. Wie wäre es, wenn du ihnen hilfst, den Wald sauber zu halten? Du könntest mit deinen Eltern oder Freunden einen kleinen Spaziergang machen und dabei Müll aufsammeln, der auf dem Boden liegt. So hilfst du nicht nur den Naturwichteln, sondern auch den Tieren und Pflanzen im Wald, gesund und glücklich zu bleiben.

Ich bin schon ganz gespannt, wie du die Naturwichtel unterstützen wirst, und danke dir jetzt schon für deine Hilfe!

Hey, wach auf.................................! Es gibt wieder viel zu entdecken.

Letzte Nacht habe ich überlegt, was dich vielleicht noch über uns Wichtel interessieren könnte. Tja, und da ist es mir ganz plötzlich eingefallen. Natürlich möchte ich dir auch von **Interesse und Neugier** erzählen. Das ist etwas ganz Wundervolles. Interesse und Neugier fühlen sich an wie ein spannendes Kribbeln, das tief in deinem Inneren beginnt und dich dazu bringt, die Welt um dich herum genauer zu erkunden. Es ist, als ob ein leises Flüstern in deinem Kopf sagt: „Was könnte das sein?" oder „Was kommt als Nächstes?" Dein Herz schlägt schneller, deine Augen werden größer, und du fühlst diese aufregende Mischung aus Erwartung und Entdeckung. Wenn du neugierig bist, fühlst du dich oft energiegeladen und wach. Deine Gedanken rasen, und du kannst es kaum erwarten, neue Dinge zu erfahren und auszuprobieren.

Der **Interessewichtel** hat deshalb besonders spannende Aufgaben in der Wichtelwelt. Er weckt Neugierde und sorgt dafür, dass alle Wichtel immer wieder etwas Neues lernen und entdecken. Er liebt es, die Wichtel auf Abenteuer mitzunehmen und sie dazu zu ermutigen, unbekannte Wege zu erkunden und ihre Umgebung genauer zu betrachten. Er stellt Fragen, die die Wichtel zum Nachdenken anregen und ihre Neugierde wecken. Egal ob es darum geht, neue Pflanzen und Tiere im Wald zu entdecken, die Geheimnisse des Universums zu erforschen oder einfach neue Spiele zu erfinden – der Interessewichtel ist immer zur Stelle, um den Wissensdurst der Wichtel zu stillen und sie zu inspirieren. Er bringt ihnen bei, wie wichtig es ist, offen für neue Erfahrungen zu sein und das Lernen als ein lebenslanges Abenteuer zu betrachten.

Einmal führte uns der Interessewichtel in den tiefsten Teil des Waldes, wo wir eine geheimnisvolle Lichtung fanden. Auf dieser Lichtung entdeckten wir eine alte Eiche mit einer versteckten Höhle im Stamm. Die Wichtel waren voller Neugier und Eifer, als sie die Höhle erkundeten. In der Höhle fanden wir alte, funkelnde Kristalle, die in allen Farben des Regenbogens leuchteten. Wir Wichtel waren fasziniert von den Kristallen und wollten alles über sie herausfinden.

Wann warst du das letzte Mal wirklich neugierig?

Deine Aufgabe für heute ist es, etwas Neues zu entdecken und zu lernen. Du könntest ein neues Buch lesen, ein Experiment ausprobieren oder etwas über ein Tier lernen.

Ich wünsche dir viel Freude beim Entdecken,
dein Freudenwichtel Jippi

**PS:** Ich habe eine spannende Aufgabe für dich. Gestalte eine Christbaumkugel und schreibe auf die Vorderseite das Wort **„Interesse"**. Überlege dir eine Situation, in der du besonders neugierig und interessiert warst, und schreibe diese auf die Rückseite. Bemale die Kugel mit vielen Farben und hänge sie an den Weihnachtsbaum.
So kannst du deine Neugierde jedes Mal spüren, wenn du die Kugel siehst.

Guten Morgen ....................................... ,

die Wichtelwelt ruft – bist du dabei? Ich hoffe, du hattest eine erholsame Nacht und bist gut in den neuen Tag gestartet! Heute möchte ich dir etwas ganz Besonderes erzählen – und zwar über die **Wetterwichtel**. Aber zuerst möchte ich wissen, wie es dir geht. Hast du in letzter Zeit etwas Spannendes erlebt oder etwas Neues gelernt? Ich freue mich immer, von deinen Abenteuern zu hören! Jetzt, wo du mir ein bisschen erzählt hast, lass uns über die Wetterwichtel sprechen.

Die Wetterwichtel sind faszinierende kleine Wesen, die das Wetter im Wald kontrollieren. Sie haben die wichtige Aufgabe, dafür zu sorgen, dass das Wetter immer genau richtig ist, damit alle Pflanzen und Tiere im Wald gedeihen können. Sie können das Wetter beeinflussen und wissen genau, was der Wald braucht. Sie haben auch ein tiefes Verständnis für die Natur und arbeiten eng mit den Naturwichteln zusammen, um sicherzustellen, dass der Wald gesund bleibt.

Ein typischer Tag für einen Wetterwichtel beginnt früh am Morgen. Sie fliegen hoch in den Himmel und beobachten das Wetter. Sie entscheiden, ob es ein sonniger, regnerischer oder windiger Tag werden soll. Dann machen sie sich an die Arbeit und sorgen dafür, dass das Wetter im Wald perfekt ist. Sie sorgen dafür, dass die Sonne scheint, wenn es warm und hell sein soll, und schicken Sonnenstrahlen in den Wald, damit die Pflanzen wachsen und die Tiere sich wohlfühlen. Wenn die Pflanzen Wasser brauchen, lassen sie es regnen und sorgen dafür, dass der Regen sanft auf die Blätter und den Boden fällt, damit alles gut bewässert wird. Im Winter bringen die Wetterwichtel Schnee und Eis in den Wald, sodass alles schön weiß und glitzernd aussieht und die Tiere, die den Winter lieben, glücklich sind. Manchmal brauchen die Bäume und Pflanzen frischen Wind, um stark zu bleiben. Die Wetterwichtel schicken dann eine sanfte Brise oder auch mal einen kräftigen Sturm, um die Luft zu reinigen und die Pflanzen zu stärken.

Mittags machen die Wetterwichtel eine Pause und genießen die Aussicht von den Wolken. Sie essen zusammen und tauschen Geschichten über ihre Abenteuer aus. Nach der Pause geht es weiter mit der Arbeit. Sie beobachten das Wetter und passen es an, wenn nötig.

Am Abend, wenn die Sonne untergeht, kehren die Wetterwichtel in ihre Wolkenhäuser zurück. Sie ruhen sich aus und bereiten sich auf den nächsten Tag vor.

Jetzt kennst du auch schon die Wetterwichtel und ihre Aufgaben. Ist das nicht toll?

Herzliche Wichtelgrüße,
dein Freudenwichtel Jippi

**PS:** Ich habe eine tolle Idee! Wie wäre es, wenn du ein kleines Wettertagebuch führst? Beobachte das Wetter jeden Tag und schreibe auf, ob es sonnig, regnerisch, windig oder schneebedeckt ist. Male dazu kleine Bilder oder nutze Sticker, um das Wetter darzustellen. So kannst du ein bisschen wie ein Wetterwichtel sein und die Natur um dich herum genauer entdecken.

Ich bin gespannt auf deine Beobachtungen!

Hey du, ......................................,

ich rufe dir ein ganz herzliches Hallo entgegen. Hast du Lust, heute etwas über meinen Freund, den **Hoffnungswichtel,** zu erfahren? Ich würde dir sehr gerne von ihm erzählen. Unser Hoffnungswichtel trägt immer eine kleine Laterne bei sich, die niemals erlischt. Sie bringt Licht in die dunkelsten Zeiten und gibt uns **Hoffnung**, wenn wir sie am meisten brauchen. Ich freue mich sehr darauf, dir heute etwas über die Hoffnung zu erzählen. Hoffnung fühlt sich an wie ein warmes, leuchtendes Licht in deinem Herzen, das niemals erlischt.

In der Wichtelwelt empfinden wir Hoffnung, wenn wir uns auf neue Abenteuer und Überraschungen freuen. Einmal haben wir Wichtel alle gemeinsam auf den ersten Schnee des Winters gewartet. Die Spannung und Vorfreude waren groß, und als die ersten Schneeflocken endlich vom Himmel fielen, war unsere Hoffnung erfüllt und unser Herz voller Freude.

Ein anderes Mal haben wir auf das Schlüpfen eines kleinen Wichtelvogels gewartet. Das Ei lag warm und sicher im Nest, und jeden Tag haben wir nachgesehen, ob es sich regt. Unsere Hoffnung war stark, und als der kleine Vogel schließlich das Licht der Welt erblickte, war unsere Hoffnung erfüllt und wir haben vor Freude getanzt.

Wann hast du das letzte Mal Hoffnung gespürt? Vielleicht, als du auf etwas Schönes gewartet oder auf einen besonderen Moment hingefiebert hast?

Deine Aufgabe für heute ist es, an etwas Schönes zu glauben, das noch kommen wird, und diese Hoffnung mit jemandem zu teilen. Vielleicht könnt ihr zusammen über eure Träume sprechen oder euch auf ein bevorstehendes Ereignis freuen.

Ganz hoffnungsvolle Grüße,
dein Freudenwichtel Jippi

**PS:** Und natürlich habe ich eine hoffnungsvolle Aufgabe für dich. Bastle eine Christbaumkugel und schreibe auf die Vorderseite das Wort **„Hoffnung"**. Denke an eine Situation, in der du viel Hoffnung verspürt hast, und schreibe diese auf die Rückseite. Male die Kugel bunt an und hänge sie an den Weihnachtsbaum. Jedes Mal, wenn du die Kugel siehst, wird dich die Hoffnung begleiten. Vielleicht kannst du deine Kugel auch mit einem kleinen Licht oder einer hellen Farbe verzieren, um diese Hoffnung sichtbar zu machen.

Guten Morgen ....................................... ,

bist du bereit den neuen Tag zu begrüßen? Ich hoffe, du hattest eine ruhige und angenehme Nacht. Heute möchte ich dir von einem ganz besonderen Wichtel erzählen: dem **Trauerwichtel**. Der Trauerwichtel spielt eine wichtige Rolle im Wald und bei den Wichteln, indem er hilft, mit **Traurigkeit und Verlust** umzugehen. Aber bevor ich dir mehr über ihn berichte, hoffe ich, dass es dir gut geht und du dich wohlfühlst.

Der Trauerwichtel hat die Fähigkeit, anderen Wichteln Trost zu spenden und ihnen zuzuhören, wenn sie traurig sind. Jeden Morgen beginnt er seinen Tag damit, durch den Wald zu gehen und nach Wichteln zu schauen, die Hilfe brauchen. Er setzt sich zu ihnen, hört ihnen geduldig zu und hilft ihnen, ihre Gefühle auszudrücken.

Der Trauerwichtel ist dabei sehr einfühlsam und hat immer ein offenes Ohr. Er versteht, dass es wichtig ist, Trauer zuzulassen und darüber zu sprechen. Mit seiner sanften Stimme und seinen tröstenden Worten hilft er den Wichteln, ihre Trauer zu verarbeiten und sich wieder besser zu fühlen. Er zeigt ihnen, dass es in Ordnung ist, traurig zu sein, und dass die Trauer irgendwann leichter wird. Mit seiner sanften und beruhigenden Stimme erzählt der Trauerwichtel Geschichten, die den Wichteln zeigen, dass es in Ordnung ist, traurig zu sein, und dass sie nicht allein sind. Er hilft ihnen, Wege zu finden, ihre Traurigkeit zu verarbeiten, sei es durch das Malen eines Bildes, das Schreiben eines Briefes oder das Pflanzen eines Baumes zum Beispiel im Gedenken an jemanden, den sie vermissen. Außerdem hat der Trauerwichtel immer flauschig weiche Taschentücher dabei, um Tränen zu trocknen und Trost zu spenden.

Der Trauerwichtel arbeitet eng mit dem Hoffnungswichtel zusammen, weil sie sich perfekt ergänzen und gemeinsam den Wichteln helfen können, schwere Zeiten zu überwinden. Während der Trauerwichtel dabei unterstützt, Gefühle der Traurigkeit zuzulassen und zu verarbeiten, bringt der Hoffnungswichtel Licht und Zuversicht in diese dunklen Momente.

Der Hoffnungswichtel erinnert die Wichtel daran, dass nach jeder schwierigen Zeit auch wieder schöne und positive Zeiten kommen werden. Er gibt den Wichteln den Glauben an eine bessere Zukunft und ermutigt sie, nach vorn zu schauen. Gemeinsam sorgen der Trauerwichtel und der Hoffnungswichtel dafür, dass die Wichtel ihre Traurigkeit nicht allein durchstehen müssen und dass sie immer einen Funken Hoffnung in ihrem Herzen tragen.

Am Nachmittag organisiert der Trauerwichtel besondere Momente der Besinnung und des Zusammenhalts. Er bringt die Wichtel zusammen, um gemeinsam Erinnerungen zu teilen und sich gegenseitig zu unterstützen. Diese Zeiten helfen den Wichteln, ihre Trauer zu verarbeiten und neue Hoffnung zu finden.

Ruhige und sanfte Grüße,
dein Freudenwichtel Jippi

**PS:** Wenn du magst, kannst du ein Gedenkbuch gestalten. Nimm ein kleines Notizbuch und schreibe oder male darin Erinnerungen an jemanden, den du vermisst. Das Gedenkbuch kann dir helfen, deine Gefühle auszudrücken und schöne Erinnerungen lebendig zu halten.

Ich bin sicher, dass du dabei Trost und Frieden finden wirst.

NOTES

Hallo und guten Morgen ..................................... ,

die Weihnachtszeit ist so aufregend – lass uns zusammen Spaß haben. Heute möchte ich dir etwas über meinen Freund, den **Heiterkeitswichtel**, erzählen. Der Heiterkeitswichtel ist immer gut gelaunt und liebt es, Lachen und Freude zu verbreiten. Er erinnert uns daran, das Leben leicht zu nehmen und Spaß zu haben. **Heiterkeit** fühlt sich an wie ein sprudelndes, fröhliches Gefühl, das dich von innen heraus zum Lächeln bringt. Es ist wie ein leichtes, kitzelndes Kribbeln, das dich glücklich und unbeschwert macht. Wenn du heiter bist, fühlst du dich voller Energie und Freude, und es fällt dir leicht, über Dinge zu lachen und Spaß zu haben. Heiterkeit lässt die Welt ein bisschen bunter und schöner erscheinen und sorgt dafür, dass du dich rundum wohlfühlst.

Der Heiterkeitswichtel ist der fröhlichste Wichtel im Wald und sorgt dafür, dass immer gute Laune herrscht. Seine besondere Fähigkeit ist es, die Wichtel zum Lachen zu bringen und ihnen eine glückliche Zeit zu bereiten. Er hat eine unendliche Sammlung an lustigen Geschichten, Witzen und Spielen, die er gern mit den anderen teilt.

Jeden Morgen beginnt der Heiterkeitswichtel seinen Tag damit, durch den Wald zu spazieren und alle Wichtel mit einem fröhlichen Lied zu wecken. Seine fröhliche Stimme und sein ansteckendes Lachen verbreiten sofort gute Laune. Danach besucht er die Wichtel, die vielleicht ein wenig traurig oder besorgt sind, und versucht, sie aufzuheitern. Mit seinen lustigen Geschichten und Witzen bringt er schnell ein Lächeln auf ihre Gesichter.

Am Nachmittag organisiert der Heiterkeitswichtel Spiele und Aktivitäten, bei denen die Wichtel gemeinsam lachen und Spaß haben können. Er liebt es, Verkleidungspartys, Schatzsuchen und lustige Wettbewerbe zu veranstalten. Seine Freude ist so ansteckend, dass selbst die schüchternsten Wichtel mitmachen und eine tolle Zeit haben.

Abends, wenn der Tag zu Ende geht, versammelt der Heiterkeitswichtel die Wichtel um ein Lagerfeuer und erzählt lustige Geschichten oder spielt fröhliche Lieder auf seiner kleinen Ukulele. Diese abendlichen Zusammenkünfte sind immer voller Lachen und guter Stimmung, und die Wichtel gehen mit einem glücklichen Herzen ins Bett.

Wann warst du zuletzt heiter? Hast du vielleicht Lust, etwas Lustiges zu machen? Erzähle deinen Freunden oder deiner Familie einen Witz oder eine lustige Geschichte, die du magst. Du kannst auch ein kleines Theaterstück aufführen oder ein lustiges Bild malen. Lass die anderen daran teilhaben und verbreite Freude und Heiterkeit, genau wie der Heiterkeitswichtel!

Fröhliche Grüße,
dein Freudenwichtel Jippi

**PS:** Ich habe eine fröhliche Aufgabe für dich. Bastle eine Christbaumkugel und schreibe auf die Vorderseite das Wort **„Heiterkeit"**. Denk an eine Situation, in der du viel gelacht und dich heiter gefühlt hast, und schreibe diese auf die Rückseite. Male die Kugel kunterbunt an und hänge sie an den Weihnachtsbaum. Jedes Mal, wenn du die Kugel ansiehst, wirst du dich an diesen fröhlichen Moment erinnern.

Hey du,  ,

da bin ich wieder. Bist du auch fit und fröhlich in den Tag gestartet? Ich hoffe, du hattest gestern einen wunderbaren Tag voller Freude und Abenteuer! Heute möchte ich dir etwas ganz Besonderes erzählen, und zwar über unsere fleißigen **Bauwichtel**. Die Bauwichtel spielen eine unglaublich wichtige Rolle in unserer Wichtelwelt und sind immer damit beschäftigt, unser Zuhause noch schöner und sicherer zu machen. Lass mich dir ein wenig mehr darüber erzählen, was die Bauwichtel alles leisten und wie sie unseren Wald zu einem so großartigen Ort machen! Die Bauwichtel sind unglaublich geschickte und fleißige Wichtel, die für den Bau und die Instandhaltung der Häuser und Strukturen im Wald verantwortlich sind. Sie haben besondere Fähigkeiten, die ihnen bei ihrer Arbeit helfen. Sie sind sehr geschickt mit ihren Händen und können aus fast allem etwas Nützliches machen. Sie haben auch ein tiefes Verständnis für die Materialien des Waldes und wissen genau, wie sie diese am besten nutzen können.

Ein typischer Tag für Bauwichtel beginnt früh am Morgen. Sie wachen auf und überprüfen zuerst ihre Werkzeuge, um sicherzustellen, dass alles bereit ist. Dann machen sie sich an die Arbeit und beginnen mit ihren Bauprojekten. Sie bauen gemütliche Häuser aus Materialien wie Holz und Steinen, die sie im Wald finden. Diese Häuser passen perfekt in die Natur und bieten den Wichteln ein warmes Zuhause. Wenn ein Haus oder eine Brücke beschädigt ist, sind die Bauwichtel sofort zur Stelle, um sie zu reparieren und sicherzustellen, dass alles stabil bleibt. Außerdem bauen die Bauwichtel Spielplätze für die Wichtelkinder und Wege, die durch den Wald führen. Sie achten darauf, dass alles schön und sicher ist, damit die Wichtelkinder unbeschwert spielen können. Die Bauwichtel sind auch sehr erfinderisch. Manchmal entwickeln sie neue Werkzeuge oder Geräte, die das Leben im Wald einfacher und angenehmer machen.

Mittags machen die Bauwichtel eine Pause und essen zusammen. Sie genießen frische Waldfrüchte und tauschen Geschichten über ihre Bauprojekte aus. Nach der Pause geht es weiter mit der Arbeit. Sie bauen, reparieren und gestalten den Wald, damit er ein schöner und sicherer Ort bleibt.

Am Abend, wenn die Sonne untergeht, kehren die Bauwichtel in ihre gemütlichen Häuser zurück. Sie ruhen sich aus und bereiten sich auf den nächsten Tag vor.

Herzliche Grüße,
dein Freudenwichtel Jippi

**PS:** Jetzt, da du mehr über unsere fleißigen Bauwichtel weißt, habe ich eine spannende Aufgabe für dich! Wie wäre es, wenn du mir hilfst, ein kleines Wichtelhäuschen zu bauen? Du kannst aus Pappe, Papier, Naturmaterialien oder allem, was du findest, ein gemütliches Zuhause für die Wichtel gestalten. Dekoriere es mit kleinen Möbeln und bunten Farben, damit es richtig schön und einladend aussieht.

Ich bin schon ganz gespannt, wie dein Wichtelhäuschen aussehen wird, und freue mich darauf, es zu sehen!

Ein aufgewecktes Hallo aus der Wichtelwelt, .................................!

Hast du gut geschlafen? Es gibt wieder viel zu erleben.

Heute möchte ich dir etwas über das Gefühl **Stolz** erzählen. Hast du das Wort schon einmal gehört? Weißt du, was es bedeutet, stolz zu sein? Stolz fühlt sich an wie ein warmes, erhebendes Gefühl in deiner Brust, das dich aufrichtet und dir ein breites Lächeln aufs Gesicht zaubert. Es ist wie eine innere Zufriedenheit und Freude darüber, etwas geschafft zu haben, das dir wichtig ist. Stolz gibt dir das Gefühl, dass sich deine Anstrengungen gelohnt haben, und stärkt dein Selbstbewusstsein. Es ist, als ob dein Herz vor Freude und Zufriedenheit ein kleines Stück größer wird und du voller Motivation und Kraft bist, weitere Herausforderungen anzugehen.

In der Wichtelwelt sind wir stolz, wenn wir etwas geschafft haben, das schwierig war. Einmal hat der kleine Wichtel Finn ein kompliziertes Rätsel gelöst, und wir waren alle sehr stolz auf ihn. Ein anderes Mal haben wir Wichtel ein großes Fest vorbereitet, das ganze Dorf hat gemeinsam daran gearbeitet. Es war nicht einfach, alles zu organisieren: Die Dekoration musste aufgehängt, leckeres Essen zubereitet und Spiele für alle mussten vorbereitet werden. Jeder Wichtel hatte eine Aufgabe, und alle haben hart gearbeitet, um das Fest unvergesslich zu machen. Als der große Tag endlich da war und die Feier ein voller Erfolg wurde, waren wir alle unglaublich stolz auf das, was wir gemeinsam geschafft hatten. Dieser Stolz hat uns gezeigt, wie stark wir zusammen sein können und wie viel wir erreichen können, wenn wir zusammenhalten. Der **Stolzwichtel** hilft uns, unsere Erfolge und Fähigkeiten zu erkennen und stolz auf uns zu sein. Er zeigt uns, dass es wichtig ist, sich selbst zu schätzen.

Wann hast du das letzte Mal Stolz empfunden?
Deine Aufgabe für heute ist es, an etwas zu denken, auf das du stolz bist, und es jemandem zu erzählen. Vielleicht kannst du von einem Erfolg in der Schule oder einer gelungenen Aufgabe berichten.

Ich wünsche dir viel Freude dabei,
dein Freudenwichtel Jippi

**PS:** Ich habe eine Aufgabe für dich, auf die du stolz sein kannst. Gestalte eine Christbaumkugel und schreibe auf die Vorderseite das Wort **„Stolz"**. Überlege dir eine Situation, in der du sehr stolz auf dich warst, und schreibe diese auf die Rückseite. Bemale die Kugel mit leuchtenden Farben und hänge sie an den Weihnachtsbaum. So wirst du jedes Mal, wenn du die Kugel siehst, an deinen Stolz erinnert.

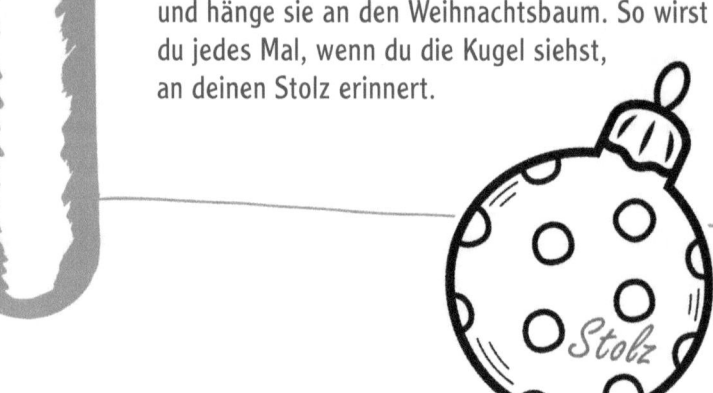

Ein herzliches guten Morgen an dich, ..................................... ,

ich hoffe, du hattest eine gute Nacht und bist bereit für einen neuen Tag voller Abenteuer! Heute möchte ich dir jemand ganz Besonderen vorstellen: den **Mutwichtel**. Er hat eine sehr wichtige Aufgabe im Wald und unter den Wichteln. Aber bevor ich dir mehr über ihn erzähle, möchte ich wissen, wie es dir geht. Und vor allem interessiert mich, wann du dich zuletzt so richtig **mutig** gefühlt hast.

Jetzt, wo du mir ein bisschen erzählt hast, lass mich dir mehr über meinen Freund, den Mutwichtel, berichten. Der Mutwichtel hat ein mutiges Herz. Wenn ein Wichtel Angst hat oder sich unsicher fühlt, ist er da, um ihm zu helfen. Er flüstert ihm ermutigende Worte zu und zeigt ihm, dass er stärker ist, als er denkt.

Der Mutwichtel trägt immer einen Umhang, weil der ein Symbol für Stärke und Schutz ist. Der Umhang erinnert ihn und die anderen Wichtel daran, dass sie mutig sein können, egal vor welchen Herausforderungen sie stehen. Außerdem sieht der Umhang ziemlich cool aus, findest du nicht?

Der Mutwichtel arbeitet eng mit dem Angstwichtel zusammen, weil sie gemeinsam ein starkes Team bilden. Während der Mutwichtel den Wichteln Mut und Vertrauen gibt, hilft der Angstwichtel, ihre Ängste zu verstehen und zu überwinden. Zusammen sorgen sie dafür, dass sich die Wichtel sicher und mutig fühlen, selbst in schwierigen Situationen. Diese Zusammenarbeit ist sehr wichtig, damit alle Wichtel glücklich und unbeschwert leben können.

Der Mutwichtel hat die besondere Fähigkeit, den anderen Wichteln und Tieren im Wald Mut und Stärke zu geben. Jeden Morgen beginnt er seinen Tag mit einem Rundgang durch den Wald, um sicherzustellen, dass alles in Ordnung ist. Er hilft den Wichteln, wenn sie sich vor etwas fürchten oder unsicher sind, und ermutigt sie, neue Dinge auszuprobieren und ihre Ängste zu überwinden.

Manchmal führt der Mutwichtel die Wichtel auf abenteuerliche Entdeckungsreisen, bei denen sie unbekannte Teile des Waldes erkunden. Mit seiner ruhigen und starken Präsenz gibt er

ihnen das Vertrauen, das sie brauchen, um mutig voranzugehen. Seine besondere Fähigkeit ist es, in schwierigen Situationen ruhig und besonnen zu bleiben und den anderen mit seinem Mut ein Vorbild zu sein.

Am Nachmittag sammelt er die Wichtelkinder um sich und erzählt ihnen Geschichten von mutigen Abenteurern und den Herausforderungen, die sie gemeistert haben. Diese Geschichten inspirieren die jungen Wichtel und zeigen ihnen, dass sie mutig und stark sein können, egal was passiert.

Ganz mutige Wichtelgrüße,
dein Freudenwichtel Jippi

**PS:** Deine Aufgabe für heute ist es, eine kleine Mut-Medaille zu basteln. Male oder bastle eine schöne Medaille, die du tragen kannst, um dich an deinen eigenen Mut zu erinnern.
Vielleicht kannst du auch eine Geschichte über einen Moment aufschreiben, in dem du besonders mutig warst.

Ich bin gespannt auf deine Geschichten und Medaillen!

Huhu, da bist du ja endlich, du Schlafmütze,

ich hoffe, du hattest süße Träume von Weihnachten. Du hast ja jetzt schon einiges über unser Wichtelleben erfahren, und ich hoffe, du hattest große Freunde daran. Heute möchte ich dir einen weiteren meiner Gefühlswichtelkollegen vorstellen. Dieser kümmert sich um das **Vergnügen**. Hast du dieses Wort schon einmal gehört? Vergnügen fühlt sich an wie ein warmes, glückliches Kribbeln, das sich durch deinen ganzen Körper ausbreitet. Es ist wie ein sanftes Leuchten, das dein Herz erfüllt und ein Lächeln auf dein Gesicht zaubert. Dieses Gefühl kann durch verschiedene Dinge ausgelöst werden, sei es durch ein lustiges Spiel, ein leckeres Essen oder einfach durch das Zusammensein mit Freunden und Familie. Es ist dieses angenehme, wohlige Gefühl, das dich für einen Moment all deine Sorgen vergessen lässt und pure Freude in dein Leben bringt.

Deshalb hat der **Vergnügungswichtel** viele wunderbare Aufgaben, die das Leben im Wichteldorf fröhlich und bunt machen. Er plant und koordiniert alle großen Feierlichkeiten im Dorf, von Sommerfesten bis zu Weihnachten, und sorgt dabei immer für die richtige Unterhaltung. Ob durch Musik, Geschichten oder Tanz – der Vergnügungswichtel weiß immer, wie er die Wichtel zum Lachen bringt. Er ist auch ein Meister darin, neue und spannende Spiele zu erfinden, die alle gemeinsam spielen können. Darüber hinaus achtet er darauf, dass jeder Wichtel besondere Momente des Vergnügens und der Freude erlebt. Durch kleine Überraschungen oder besondere Aktivitäten schafft er unvergessliche Erlebnisse und sorgt dafür, dass sich alle Wichtel wohl und glücklich fühlen.

Der Vergnügungswichtel ist somit ein echter Stimmungsmacher, der das Leben im Wichteldorf mit viel Freude und Glück erfüllt. In der Wichtelwelt genießen wir es besonders, wenn wir zusammen tanzen und spielen. Einmal haben wir ein großes Picknick veranstaltet, bei dem wir so viel Spaß beim Spielen und Essen hatten! Die fröhlichen Gesichter der Wichtel und das Lachen, das durch den Wald hallte, haben unser Herz mit Freude erfüllt. Das Fest war ein voller Erfolg, und jeder von uns hat das warme, glückliche Kribbeln des Vergnügens gespürt, während wir gemeinsam feierten und lachten.

Wann hast du das letzte Mal so ein warmes, glückliches Kribbeln verspürt? Vielleicht, als du mit deinen Freunden gespielt oder etwas Leckeres gegessen hast?

Deine Aufgabe für heute ist es, etwas zu tun, das dir Vergnügen bereitet. Ob es ein Spiel mit deinen Freunden ist oder das Genießen deines Lieblingsessens, lass dieses Gefühl in deinem Herzen wachsen.

Ich wünsche dir ganz viel Vergnügen,
dein Freudenwichtel Jippi

**PS:** Ich habe eine vergnügliche Aufgabe für dich. Bastle eine Christbaumkugel und schreibe auf die Vorderseite das Wort **„Vergnügen"**. Denke an eine Situation, in der du viel Spaß hattest, und schreibe diese auf die Rückseite. Male die Kugel fröhlich bunt an und hänge sie an den Weihnachtsbaum. Jedes Mal, wenn du die Kugel siehst, wirst du dich an diesen vergnüglichen Moment erinnern.

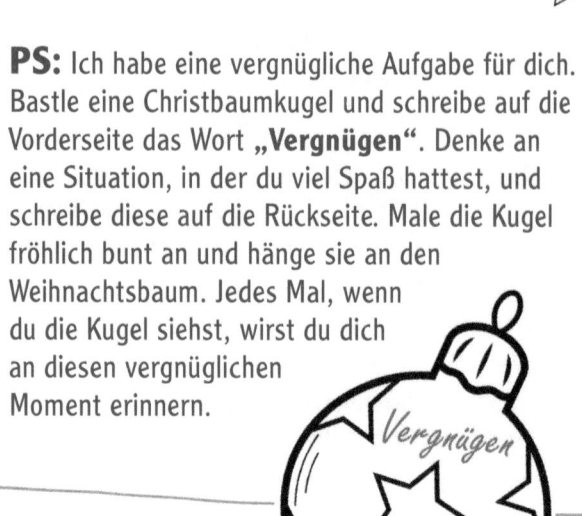

Liebe(r) ................................... ,

ich hoffe, du hattest einen schönen Tag und bist bereit für eine neue spannende Geschichte aus unserer Wichtelwelt! Heute möchte ich dir von einem ganz besonderen Wichtel erzählen: dem **Angstwichtel**. Bevor ich dir mehr über ihn berichte, hoffe ich, dass es dir gut geht und du dich wohlfühlst.

Der Angstwichtel hat die wichtige Aufgabe, den Wichteln im Wald zu helfen, ihre **Ängste** zu verstehen und zu überwinden. Er hat eine besondere Fähigkeit, sich in die Gefühle der anderen Wichtel hineinzufühlen und genau zu wissen, wie er ihnen helfen kann. Jeden Morgen beginnt der Angstwichtel seinen Tag damit, durch den Wald zu gehen und nach Wichteln zu schauen, die sich ängstlich oder unsicher fühlen.

Mit seiner beruhigenden Stimme und seinen sanften Worten spricht der Angstwichtel mit ihnen, hört ihnen zu und gibt ihnen Tipps, wie sie ihre Ängste bewältigen können. Manchmal hilft er den Wichteln, ihre Ängste zu zeichnen oder aufzuschreiben, um sie besser zu verstehen.

Der Angstwichtel zeigt ihnen auch, wie wichtig es ist, über ihre Ängste zu sprechen, und dass es in Ordnung ist, sich manchmal zu fürchten. Er erklärt ihnen, dass Angst ein ganz normales Gefühl ist, das uns auch vor Gefahren beschützt. Zusätzlich hat er immer einen kleinen Beutel mit Beruhigungskräutern wie Lavendel oder Kamille dabei. Diese Kräuter haben einen angenehmen Duft und wirken beruhigend auf die Wichtel, wenn sie ängstlich sind.

Am Nachmittag organisiert der Angstwichtel besondere Übungen und Spiele, bei denen die Wichtel ihre Ängste spielerisch überwinden können. Er zeigt ihnen, wie sie mutig sein können, und ermutigt sie, neue Dinge auszuprobieren. Der Angstwichtel arbeitet eng mit dem Mutwichtel zusammen, um den Wichteln zu helfen, ihre Ängste zu überwinden und stark und selbstbewusst zu werden.

Ganz beruhigende Grüße,
dein Freudenwichtel Jippi

**PS:** Deine Aufgabe für heute ist es, eine kleine Mut- und Angst-Geschichte zu schreiben oder zu zeichnen. Überlege dir eine Situation, in der du dich ängstlich gefühlt hast, und wie du diese Angst überwunden hast. Vielleicht kannst du auch eine Geschichte erfinden, in der ein kleiner Wichtel seine Angst besiegt.

Ich bin gespannt auf deine Geschichten und freue mich darauf, sie zu lesen oder anzuschauen!

Hallöchen ........................................ ,

hier kommen ganz liebe wichtelige Aufwachgrüße an dich.

Nun bin ich schon so viele Tage bei dir und deiner Familie und irgendwie seid ihr mir richtig ans Herz gewachsen. Es ist so schön, euch in
der Adventszeit beobachten zu dürfen und zu sehen, wie ihr euch freut
und wie es so langsam um uns herum immer weihnachtlicher wird.
Ja, und irgendwie hat mich diese ganze weihnachtliche Stimmung dazu
inspiriert, letzte Nacht ein neues Plätzchenrezept auszuprobieren. Ich
habe mir Mühe gegeben, eure Küche so gut es geht wieder aufzuräumen.
Aber es könnte gut möglich sein, dass du noch ein paar Mehlfußspuren
von mir entdeckst.

Und während des Backens fiel mir dann auch auf einmal auf, dass
ich dir noch gar nicht von unserem **Inspirationswichtel** erzählt habe.
**Inspiration**, was für ein kompliziertes Wort. Hast du davon schon
einmal gehört? Weißt du, was mit Inspiration gemeint ist oder wie es
sich anfühlt, wenn man inspiriert ist?

Inspiration fühlt sich an wie ein plötzliches, aufregendes Funkeln in
deinem Kopf und Herzen. Es ist, als ob eine neue, glänzende Idee in
deinem Geist aufleuchtet, die dich sofort begeistert und motiviert.
Dein Herz schlägt schneller, und du fühlst eine starke Energie, die dich
antreibt, etwas Kreatives und Bedeutungsvolles zu schaffen. Dieses
Gefühl kann durch alles Mögliche ausgelöst werden – durch ein schönes
Kunstwerk, eine bewegende Geschichte, die Natur oder sogar durch
eine einfache Beobachtung im Alltag. Wenn du inspiriert bist, hast du
das Gefühl, dass alles möglich ist und dass du etwas Einzigartiges und
Wunderbares beitragen kannst. Es gibt dir Mut und eine tiefe Zufriedenheit, während du deine Ideen in die Tat umsetzt.

Der Inspirationswichtel hat die wunderbare Aufgabe, kreative Funken
zu entfachen und die Wichtelwelt mit neuen Ideen zu bereichern. Er
inspiriert die Wichtel, ihre Talente zu entdecken und auszuleben,
sei es durch Kunst, Musik oder andere kreative Projekte.

In der Wichtelwelt sind wir inspiriert, wenn wir neue Dinge erfinden
und gestalten. Einmal haben wir gemeinsam ein wunderschönes

Baumhaus gebaut, das uns als Rückzugsort dient. Ein anderes Mal brachte der Inspirationswichtel uns Wichtel dazu, ein großes Gemeinschaftskunstwerk zu erschaffen. Mit Blättern, Blumen, Steinen und allem, was wir im Wald finden konnten, gestalteten die Wichtel ein riesiges Mosaik auf dem Waldboden. Jeder Wichtel brachte seine eigene kreative Note ein, und das Endergebnis war ein atemberaubendes Kunstwerk, das die Vielfalt und den Zusammenhalt der Wichtelgemeinschaft zeigte. Dieses Projekt erfüllte alle Wichtel mit Stolz und Freude und erinnerte sie daran, wie kraftvoll ihre Kreativität sein kann.

Wann warst du das letzte Mal inspiriert?

Deine Aufgabe für heute ist es, etwas zu zeichnen oder zu basteln, das dich inspiriert. Vielleicht kannst du ein Bild malen oder eine kleine Bastelarbeit machen. Oder vielleicht hast du Lust, im Garten oder im Wald auch ein wunderschönes Naturmosaik zu legen?

Viele winterliche Schneegrüße,
dein Freudenwichtel Jippi,

**PS:** Ich habe eine inspirierende Aufgabe für dich. Gestalte eine Christbaumkugel und schreibe auf die Vorderseite das Wort **„Inspiration"**. Überlege dir eine Situation, in der du besonders inspiriert warst, und schreibe diese auf die Rückseite. Bemale die Kugel in leuchtenden Farben und hänge sie an den Weihnachtsbaum. So kannst du deine Inspiration jedes Mal spüren, wenn du die Kugel siehst.

Liebe(r) ....................................... ,

ich hoffe, du hattest eine wunderbare Nacht voller schöner Träume! Heute habe ich eine besonders süße Überraschung für dich. Lass mich dir erzählen, wie wir Gefühlswichtel unsere leckeren Weihnachtsplätzchen backen. Es ist eine unserer liebsten Traditionen im Wald und bringt immer jede Menge Spaß und Freude.

An einem kalten Wintermorgen versammeln sich alle Wichtel in der großen Wichtelküche. Die Küche ist warm und gemütlich, und überall duftet es schon nach leckeren Zutaten. Jeder Wichtel bringt etwas Besonderes mit – einige haben bunte Streusel, andere Nüsse und wieder andere duftende Gewürze wie Zimt und Vanille. Wir beginnen damit, den Teig zu kneten.

Das macht besonders viel Spaß, weil wir dabei fröhliche Lieder singen und Geschichten erzählen. Jeder Wichtel darf dann seine Lieblingsplätzchen formen. Da gibt es so viele verschiedene: Sterne, Herzen, kleine Tannenbäume und sogar winzige Wichtelfiguren. Während die Plätzchen im Ofen backen, verteilen sich überall im Raum die leckeren Düfte. Die Wichtel können es kaum erwarten, die warmen Kekse zu probieren.

Doch bevor wir naschen, kommt der wichtigste Teil: das Verzieren! Wir nehmen bunte Glasuren, Schokoladenstückchen und natürlich ganz viel Liebe, um die Plätzchen zu verschönern. Jeder Wichtel hat seine eigene kreative Art, die Kekse zu dekorieren, sodass am Ende viele bunte und einzigartige Plätzchen entstehen.

Wenn alle Plätzchen fertig sind, versammeln wir uns um den großen Tisch und genießen sie zusammen. Es ist eine Zeit voller Freude, Lachen und gemeinsamer Geschichten. Manchmal verpacken wir auch ein paar der Plätzchen als kleine Geschenke für unsere Freunde im Wald.

Genüssliche Wichtelgrüße,
dein Freudenwichtel Jippi

**PS:** Und jetzt kommt deine Aufgabe: Wie wäre es, wenn du mit deiner Familie Weihnachtsplätzchen backst? Ihr könnt zusammen den Teig zubereiten, die Plätzchen ausstechen und sie nach Herzenslust verzieren. Ich bin sicher, es wird genauso viel Spaß machen wie bei uns Wichteln!

Und besonders freue ich mich, wenn du mir ein paar Kekskrümel vor mein Häuschen legst. So kann ich auch von euren Leckereien naschen und mich daran erfreuen.

Brief 20 • Fortsetzung

Guten Morgen ......................................,

ich hoffe du hast gut geschlafen und bist gut gelaunt aufgestanden. Ich freue mich sehr, dir heute etwas über meinen Freund, den **Ehrfurchtswichtel**, zu erzählen. Der Ehrfurchtswichtel hat eine besondere Verbindung zur Natur und hilft uns allen, die Schönheit und das Wunderbare um uns herum zu erkennen und zu schätzen. Er hat mir erzählt, dass er sich sehr darauf freut, dich kennenzulernen und dir zu zeigen, wie magisch die Welt sein kann.

**Ehrfurcht** ist ein ganz besonderes Gefühl, das sich anfühlt wie ein tiefes, beeindruckendes Staunen in deinem Herzen. Es bringt uns dazu, die Schönheit und das Wunderbare in der Welt um uns herum wahrzunehmen und zu schätzen.

In der Wichtelwelt erleben wir Ehrfurcht oft, wenn wir die Natur bewundern. Einmal haben wir einen prächtigen Regenbogen gesehen, der sich über den ganzen Himmel spannte. Wir standen alle zusammen und schauten ehrfürchtig zu, wie die Farben leuchteten und den Himmel erhellten. Dieser Anblick hat uns alle tief berührt und uns daran erinnert, wie wunderbar die Welt ist.

Ein anderes Mal, bei einem klaren Nachthimmel, haben wir uns alle unter einem großen Baum versammelt und die Sterne beobachtet. Die Sterne funkelten so hell, dass es aussah, als wären sie ganz nah bei uns. Wir fühlten uns klein und gleichzeitig als Teil von etwas Größerem, und diese Ehrfurcht hat unser Herz mit Freude erfüllt.

Wann hast du das letzte Mal Ehrfurcht empfunden? Vielleicht, als du einen wunderschönen Sonnenuntergang gesehen oder die beeindruckende Größe eines Baumes bewundert hast? Deine Aufgabe für heute ist es, etwas Wunderschönes in der Natur zu entdecken und es zu bestaunen. Vielleicht kannst du eine Blume betrachten oder den Sternenhimmel beobachten.

Ich wünsche dir viel Freude beim Staunen, dein Freudenwichtel Jippi

**PS:** Ich habe auch noch eine kreative Aufgabe für dich. Bastle eine Christbaumkugel und schreibe auf die Vorderseite das Wort **„Ehrfurcht"**. Überlege dir eine Situation, in der du Ehrfurcht empfunden hast, und schreibe diese auf die Rückseite. Male die Kugel bunt an und hänge sie an den Weihnachtsbaum. Jedes Mal, wenn du die Kugel siehst, wirst du an diesen ehrfurchtsvollen Moment erinnert.

*Ehrfurcht*

Ein ganz fröhliches Jippi-Hallo rufe ich dir zu, ............................... ,

ein neuer Tag beginnt, und ich freue mich, ihn mit dir zu verbringen. Denn es gibt so viele spannende Dinge in unserer Wichtelwelt, und ich freue mich immer darauf, dir davon zu erzählen. Heute möchte ich dir eine ganz besondere Gruppe von Wichteln vorstellen: die **Festtags-wichtel**. Diese kleinen magischen Wesen sind besonders aktiv in der Vorweihnachtszeit und haben eine unglaublich wichtige Aufgabe.

Stell dir vor, tief im Wald, wo die Bäume flüstern und die Tiere leise singen, da leben die Festtagswichtel. Sie haben winzige Häuser, die in Baumstämme geschnitzt sind, und ihre Türen sind oft bunt bemalt und mit kleinen Lichtern geschmückt.

Die Festtagswichtel haben eine ganz besondere Aufgabe in unserer Wichtelwelt. Sie sorgen dafür, dass alle unsere Feste und Feiern un-vergesslich schön werden. Die Festtagswichtel arbeiten eng mit den Vergnügungswichteln zusammen, um sicherzustellen, dass immer eine fröhliche und festliche Stimmung herrscht.

Die Festtagswichtel lieben es, Überraschungen für die Kinder vorzube-reiten. Manchmal hinterlassen sie kleine Geschenke oder Rätsel, die die Kinder lösen können. Sie backen winzige Kekse und basteln wunder-schöne Dekorationen aus Naturmaterialien wie Tannenzapfen und Beeren. Bereits Wochen vor einem Fest beginnen sie mit den Vorbe-reitungen, planen alles bis ins kleinste Detail – von der Dekoration über das Essen bis hin zu den Spielen und Tänzen. Gemeinsam mit den Vergnügungswichteln schaffen sie es, dass jedes Fest etwas ganz Besonderes wird.

Übrigens, die Festtagswichtel haben ein kleines, lustiges Geheimnis: Wenn sie pupsen, kommt Konfetti aus ihrem Popo! Das sorgt immer für großes Gelächter und Freude.

Hi Hi Hi, ganz lustige Grüße,
dein Freudenwichtel Jippi

**PS:** Hast du Lust, den Festtagswichteln zu helfen? Deine Aufgabe für heute ist es, eine kleine Weihnachtsdekoration zu basteln. Vielleicht ein bunter Stern oder eine schöne Glitzergirlande. Du kannst sie dann in deinem Zimmer oder am Weihnachtsbaum aufhängen und so ein bisschen von unserer Wichtel-Weihnachtsstimmung in dein Zuhause bringen.

Ich freue mich schon darauf zu sehen, was du bastelst!

Hey, wach auf! Ein neuer Tag voller Freude wartet auf uns!

Ich freue mich sehr, dir heute von unseren besonderen Weihnachtsfeiern im Wichtelwald erzählen zu können! Weihnachten ist für uns Wichtel eine magische Zeit, die wir mit viel Liebe und Freude feiern. Schon Wochen vor dem großen Tag beginnen die Vorbereitungen. Wir schmücken unser ganzes Dorf mit funkelnden Lichtern, bunten Girlanden und selbstgemachten Dekorationen. In der Mitte unseres Dorfes steht der größte Weihnachtsbaum, den wir gemeinsam schmücken. Jeder Wichtel gestaltet eine eigene Christbaumkugel. Auf die Vorderseite schreiben wir ein schönes Gefühl, und auf die Rückseite schreiben wir eine Situation, in der wir dieses Gefühl erlebt haben. Am Weihnachtsabend hängen wir dann gemeinsam die Kugeln an den Baum und erzählen uns unsere Glücksmomente.

Am Heiligabend versammeln sich alle Wichtel unter dem großen Weihnachtsbaum. Wir singen Weihnachtslieder, erzählen Geschichten und tanzen um den Baum. Jeder Wichtel bringt etwas Leckeres zu essen mit, und wir teilen unsere Köstlichkeiten miteinander. Die Luft ist erfüllt von den wunderbaren Düften von frischem Gebäck und warmem Kakao.

Ein besonderer Moment ist es, wenn wir uns gegenseitig unsere selbstgemachten Geschenke überreichen. Jeder Wichtel bastelt etwas Einzigartiges für einen anderen Wichtel, um ihm eine Freude zu machen. Die Freude und Dankbarkeit, die wir dabei spüren, sind unbeschreiblich. Nach dem Geschenketausch setzen wir uns zusammen und erzählen uns die Geschichten von unseren „Gefühls"-Christbaumkugeln. Es ist so schön, von den besonderen Momenten und Gefühlen zu hören, die jeder von uns im Laufe des Jahres erlebt hat. Diese Geschichten bringen uns noch näher zusammen und erfüllen unser Herz mit Wärme und Liebe.

Ich hoffe, dir hat meine kleine Geschichte gefallen und sie bringt dir ein bisschen von unserer Wichtel-Weihnachtsmagie näher. Vielleicht kannst du ein paar unserer Traditionen mit deiner Familie ausprobieren und die Freude und Liebe der Wichtelweihnacht erleben.

Ganz lichtvolle und magische Grüße,
dein Freudenwichtel Jippi

**PS:** Ich habe eine wunderbare Idee! Wie wäre es, wenn du mir ein kleines Lied vorsingst? Ich liebe Musik und freue mich immer über fröhliche Melodien. Du kannst ein Weihnachtslied oder ein anderes fröhliches Lied auswählen, das dir gefällt. Sing es mir vor und lass mich an deiner Freude teilhaben. Musik bringt so viel Freude und wärmt das Herz.

Ich freue mich schon sehr auf dein Lied und kann es kaum erwarten, deine schöne Stimme zu hören!

Ganz warme und liebevolle Grüße sende ich dir zum Aufwachen!

Heute ist es endlich so weit. Der Heilige Abend ist da. Und bestimmt hast du schon einmal gehört, dass man Weihnachten auch das Fest der Liebe nennt. Weihnachten wird das Fest der Liebe genannt, weil es eine Zeit ist, in der wir besonders lieb zu unseren Familien und Freunden sind. Wir kommen zusammen, um zu feiern und Freude zu teilen. Es ist auch die Zeit, in der wir uns gegenseitig Geschenke machen, um zu zeigen, wie viel uns die anderen bedeuten. Außerdem denken wir in dieser Zeit besonders daran, anderen zu helfen und freundlich zu sein. Das macht Weihnachten so besonders und voller Liebe.

Und natürlich ist **Liebe** auch bei uns Wichteln im Wald ein ganz besonderes Gefühl. Um dir von der Liebe zu erzählen, habe ich letzte Nacht extra noch einmal unseren **Liebeswichtel** gebeten, mir zu beschreiben, wie sich Liebe anfühlt. Er nahm mich dabei in den Arm und flüsterte in mein Ohr: „Liebe fühlt sich an wie eine warme Umarmung, die dich wie eine schützende Decke ganz fest umhüllt und dir ein sicheres Gefühl gibt. Es ist wie ein warmes, fröhliches Kribbeln im Herzen, das dir sagt, dass jemand sich sehr um dich kümmert. Es ist ein tiefes, erfüllendes Gefühl, das aus dem Herzen kommt und dir ein Lächeln ins Gesicht zaubert. Wenn du Liebe fühlst, bist du glücklich und weißt, dass du nicht allein bist. Liebe macht, dass du dich geborgen und glücklich fühlst."

Und auch ich fühlte mich besonders geborgen, als ich letzte Nacht da so Arm in Arm mit dem Liebeswichtel stand und in die Sterne schaute. Du musst wissen, der Liebeswichtel ist voller Wärme und Zuneigung. Er bringt die Menschen dazu, Liebe und Freundlichkeit zu verbreiten.

Mit seinen kleinen Herzchen, die er überall verteilt, erinnert er die Menschen daran, wie wichtig es ist, liebevoll und fürsorglich miteinander umzugehen. Er sorgt dafür, dass alle Wichtel und ihre Familien sich geliebt und geborgen fühlen. Außerdem organisiert der Liebeswichtel besondere Tage, an denen die Wichtel zusammenkommen, um ihre Freundschaft und Zuneigung zu feiern. Durch seine warmherzige Art sorgt er dafür, dass in der Wichtelwelt immer viel Liebe und Freude herrschen.

In der Wichtelwelt fühlt sich Liebe besonders intensiv an. Wenn die Wichtel sich umarmen oder einander helfen, spüren sie diese tiefe, innige Verbindung. Liebe bringt uns Wichtel zusammen und lässt uns als Gemeinschaft stark und glücklich sein. In der Wichtelwelt spüren wir Liebe, wenn wir für unsere Freunde und Familie da sind. Einmal haben wir eine Überraschungsparty für einen Wichtel organisiert, der traurig war, und unsere Liebe hat ihn wieder glücklich gemacht.

Wann hast du das letzte Mal Liebe gespürt?

Deine Aufgabe für heute ist es, jemanden zu umarmen oder ihm zu sagen, dass du ihn liebhast. Vielleicht kannst du einem Freund oder Familienmitglied eine kleine Freude machen.

Ich wünsche dir und allen Menschen, die du lieb hast und die dich lieb haben, einen ganz wundervollen und warmherzigen Heiligen Abend.

Dein Freudenwichtel Jippi

**PS:** Ich habe eine liebevolle Aufgabe für dich. Gestalte eine Christbaumkugel und schreibe auf die Vorderseite das Wort **„Liebe"**. Überlege dir eine Situation, in der du viel Liebe verspürt hast, und schreibe diese auf die Rückseite. Bemale die Kugel wunderschön bunt und hänge sie an den Weihnachtsbaum. So wirst du jedes Mal, wenn du die Kugel siehst, an diesen Moment voller Liebe erinnert.

Guten Morgen liebe(r) ....................................... ,

die Zeit ist wie im Flug vergangen, und nun ist der Moment gekommen, mich zu verabschieden. In den letzten Wochen haben wir so viel gemeinsam erlebt und über die verschiedenen Gefühle gelernt. Ich bin sicher, dass du all diese Gefühle in der Adventszeit erlebt hast.

Erinnerst du dich an die Momente der **Freude**, als du dein Adventskalendertürchen geöffnet und die kleinen Überraschungen entdeckt hast? Oder an die **Dankbarkeit**, die du gespürt hast, als du ein besonderes Geschenk von jemandem bekommen hast?

Es gab bestimmt auch Augenblicke der **Heiterkeit**, wie beim Backen und Verzieren der Plätzchen mit deiner Familie, wo ihr viel gelacht habt. Dein **Interesse** wurde sicherlich geweckt, als du neue Weihnachtsgeschichten gehört oder neue Bastelideen ausprobiert hast.

Die **Hoffnung** hat dich begleitet, als du an den Weihnachtsmann oder das Christkind gedacht und auf den Heiligabend gewartet hast. Und der **Stolz** hat dein Herz erfüllt, als du eine schöne Weihnachtskarte oder ein selbstgemachtes Geschenk fertiggestellt hast.

**Vergnügen** hast du sicherlich beim Spielen im Schnee oder beim Anschauen deines Lieblingsweihnachtsfilms empfunden. Deine **Inspiration** hat dich beflügelt, als du den Weihnachtsbaum geschmückt und deine Kreativität gezeigt hast.

Die **Ehrfurcht** hast du vielleicht beim Anblick des festlich erleuchteten Weihnachtsbaums oder beim Besuch eines Weihnachtsgottesdienstes gespürt. Und schließlich die **Liebe**, die du gefühlt hast, als du Zeit mit deiner Familie und deinen Freunden verbracht hast, war das größte Geschenk von allen.

Ich bin so stolz auf dich und alles, was du gelernt und erlebt hast. Auch wenn ich nun weiterziehen muss, bleiben all diese schönen Erinnerungen und Gefühle bei dir. Ich hoffe, dass du weiterhin all diese Gefühle erlebst und genießt.

Bis bald und fröhliche Weihnachten,
dein Freudenwichtel Jippi

**PS:** Schau mal, ich habe dir ein klitzekleines Geschenk dagelassen, als Erinnerung an mich.

# Anhang

## ANLEITUNG:

- Kopiere einfach eine der Christbaumkugeln.

- Schreibe auf die Vorderseite das Wort zu deinem jeweiligen Gefühl.

- Überlege dir eine Situation, in der du viel von diesem Gefühl verspürt hast, und schreibe diese auf die Rückseite.

- Bemale die Kugel wunderschön bunt, schneide sie aus und hänge sie an den Weihnachtsbaum.

# Christbaumkugeln

## Kopiervorlage 1

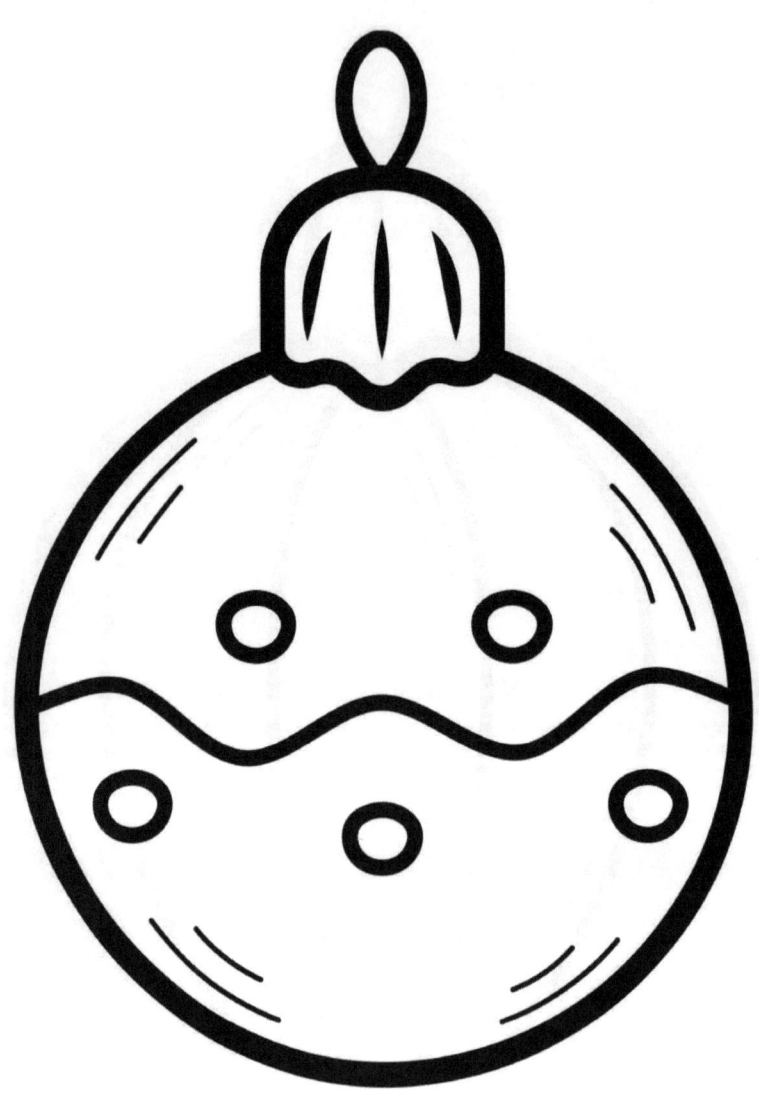

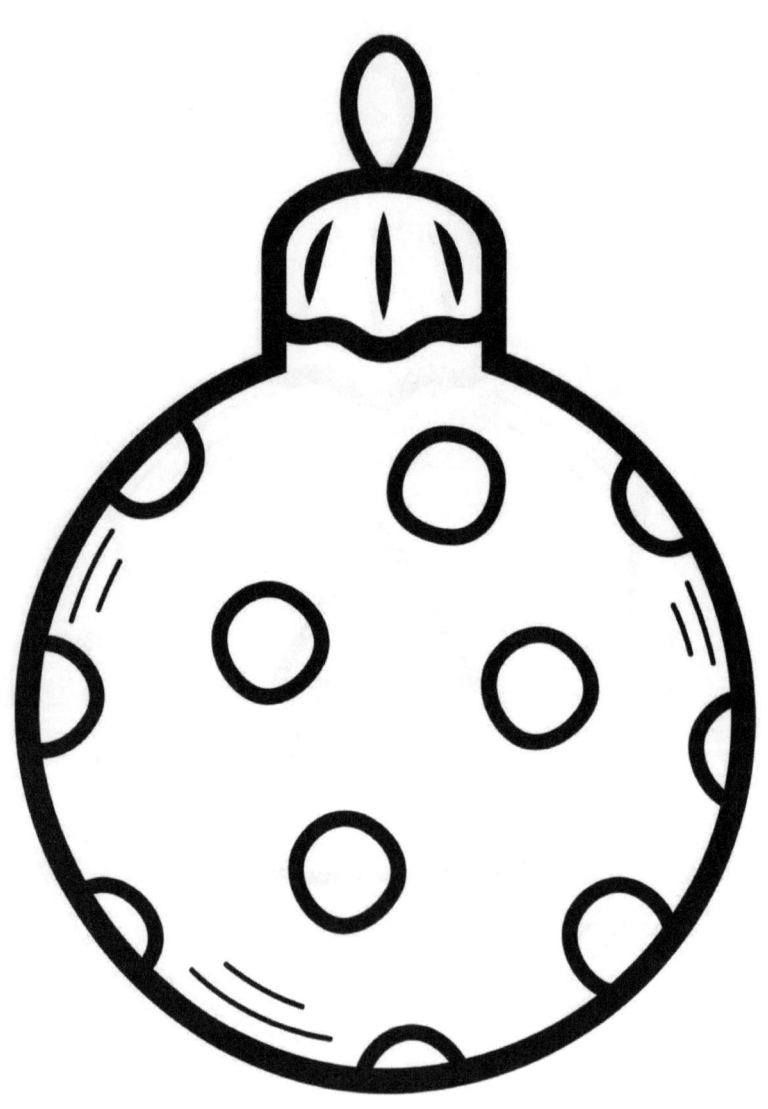

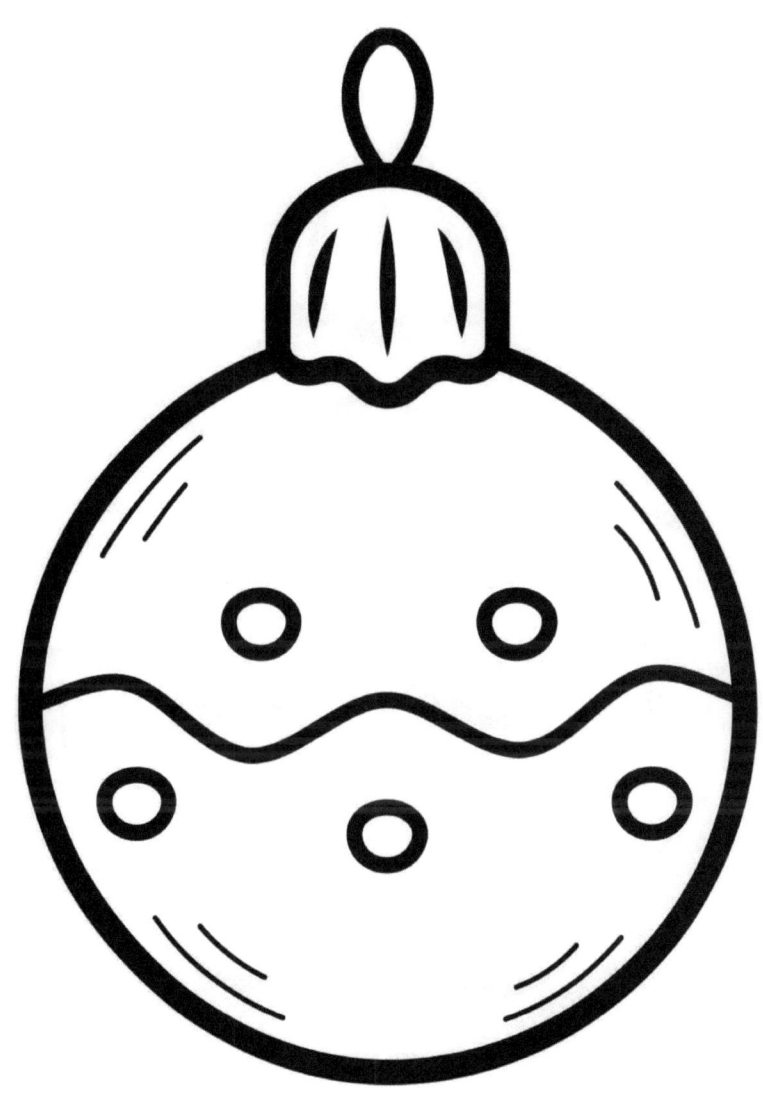

# Briefumschlag

**Vorlage einfach kopieren, ausmalen, am Außenrand
entlang ausschneiden & die vier Ecken nach innen falten!**

## Wer ist Carina Mathes

**Carina Mathes** ist Pionierin im Bereich Glücksunterricht an Grundschulen in Deutschland. Sie hat es sich zur Aufgabe gemacht, das Wohlbefinden und die emotionale Entwicklung von Kindern zu fördern. Sie hat das Schulfach Glückskompetenz entwickelt und ist Autorin mehrerer Bücher und Fortbildungen zu diesem Thema.

Carina Mathes hat die Welt der Gefühlswichtel mit viel Liebe und Hingabe entwickelt, und sie sind ein wahrer Herzenswunsch von ihr. Es liegt ihr am Herzen, Kindern auf spielerische Weise zu helfen, ihre Emotionen zu verstehen und damit umzugehen. Mit den Gefühlswichteln hat sie eine wunderbare Möglichkeit geschaffen, Kinder durch die Magie und Freude der Adventszeit zu begleiten und gleichzeitig ihre emotionale Intelligenz zu fördern.

Dieses Projekt zeigt, wie wichtig ihr das Wohlbefinden und die Entwicklung der Kinder sind, und bringt ihre Leidenschaft und ihr Engagement für das Wohl der jüngsten Generation zum Ausdruck.